AF321903

Édouard HARLÉ

QUELQUES INVENTIONS

DE LA

GRANDE GUERRE

ET DE LA GUERRE DE 1870

Extrait de la *Revue Philomathique de Bordeaux et du Sud-Ouest*,
XXIV⁰ année, n° 3, juillet-septembre 1921.

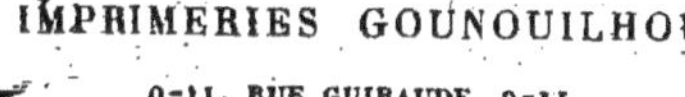

BORDEAUX

IMPRIMERIES GOUNOUILHOU

9-11, RUE GUIRAUDE, 9-11

—

1921

QUELQUES INVENTIONS

DE LA

GRANDE GUERRE ET DE LA GUERRE DE 1870

Par Édouard HARLÉ

Nommé le 11 septembre 1915 membre de la *Commission d'examen des inventions pour la 18e région*, par application de la circulaire du ministre de la Guerre, n° 25306 B L du 22 août 1915, j'ai pris part à ses nombreuses séances, pendant toute la durée de son fonctionnement, c'est-à-dire jusqu'à l'armistice.

Nous avons reçu et examiné beaucoup d'inventions : une centaine ou deux, œuvres, les unes de civils, les autres de militaires ; mais le nombre des inventeurs a été un peu moindre, parce que, parmi les civils qui disposaient de leur temps, certains ont traité les choses les plus diverses ou bien ont présenté le même dispositif plusieurs fois, en y apportant des modifications successives. Il y a des inventeurs qui, une fois lancés, ne s'arrêtent plus.

Nous avons eu l'inventeur convaincu que son invention est tellement importante qu'il ne veut pas l'expliquer par écrit, de peur que le secret n'en parvienne à l'ennemi. Il la confiera verbalement. Mais, comme il habite une commune rurale éloignée et qu'il est peu fortuné, il demande qu'on lui paye tous les frais du voyage à Bordeaux.

On a présenté à la Commission énormément d'inventions sur les grenades, sur les obus, sur les appareils à couper les réseaux de fils de fer, sur les chars et autres machines revêtues de tôle pour permettre d'avancer à l'abri.

Parmi les inventions présentées, il y en avait de fort sérieuses, étudiées avec soin et par des gens instruits; mais l'impression que m'ont laissée ces trois années de Commission n'est pas encourageante au point de vue des chances de l'inventeur. Presque toujours, il y avait quelque chose de vicieux, ou bien ce que proposait l'inventeur était déjà connu et en service, et même avec une différence qui constituait une supériorité. Au total, notre Commission n'a transmis, avec avis favorable, qu'un très petit nombre d'inventions à la Commission supérieure de Paris, et cette dernière, d'après ce que j'ai compris, leur a fait subir un triage nouveau et sévère.

Quelques inventions m'ont frappé par leur originalité; je vais les reproduire. Aucune n'a été transmise par la Commission, mais j'observe à ce sujet que des idées émises pour la guerre de 1870, et alors jugées impraticables, ont été réalisées quarante ans plus tard, dans la Grande Guerre.

Pendant la guerre, il eût été criminel de dévoiler des inventions, quelles qu'elles fussent, car l'ennemi eût pu tirer profit de leur connaissance; mais cette discrétion n'a plus lieu d'être maintenant que nous avons la paix, la paix sans limite, sous l'égide de la Société des Nations.

8 octobre 1915.

L'hiver approche, soldats, ne jetez plus les feuilles d'aluminium dont sont entourées les tablettes de chocolat: gardez-les, utilisez-les suivant nos indications, elles vous préserveront du *froid*, de la *pluie*, conserveront au corps une température normale, donnant l'étanchéité à la chaussure et de la chaleur aux pieds. L'aluminium en feuille de 9 centimètres sur 12 s'achète chez les pharmaciens, marchands de couleur, droguistes et les confiseurs; le kilog., 20 francs, couvre 32 mètres carrés.

Procédé à la portée de tous. Réunir des feuilles d'aluminium de 9 sur 12 bout à bout suivant la largeur et la longueur du tissu qu'on veut doubler, introduire les feuilles dans ce tissu pliées en deux parties égales, et couvrir le tout à petits espacements. On obtient dans une doublure donnée l'étanchéité en entretenant la chaleur du corps.

9 mai 1916.

Ma lettre a pour objet de vous soumettre une idée qui, selon mon humble avis, pourrait rendre quelques services à la défense nationale.

Il s'agirait de remédier aux pannes malheureusement assez fréquentes des moteurs, soit pour *avions*, soit pour tous autres mécanismes, en employant des animaux — des chiens — ceux-ci enfermés dans une roue tambour à la manière des écureuils, soit un seul, soit deux ou trois en petites loges ayant juste l'espace voulu pour se mouvoir, mais qui les empêcherait de communiquer entre eux, celle-ci munie à l'intérieur de petites traverses espacées de dix à douze centimètres, mais pas trop saillantes, pour ne pas blesser les pattes. Quelques jours ménagés pour renouveler l'air. Ce système permettrait soit d'*aider* le moteur, soit d'y *suppléer* en cas de panne pour l'atterrissage ; peut-être même pourrait-il le remplacer dans certaines occasions. On pourrait ainsi suppléer dans une certaine mesure à la disette des divers combustibles.

29 octobre 1916.

C'est respectueusement et animé par les meilleurs sentiments que je viens soumettre à votre appréciation une idée que je trouve bien simple et qui pourtant, mise en pratique, pourrait rendre en certaines circonstances de grands services : éviter que le soldat ait les pieds gelés dans la tranchée. Il s'agit de réchauffer un corps par la répercussion de la chaleur de soi-même.

Au moyen d'une boule en caoutchouc faisant propulseur, placée sous les aisselles, et à laquelle serait adapté un petit tuyau en caoutchouc flexible qui descendant le long du corps et des jambes sous les vêtements, irait à son extrémité se loger dans la tige de la chaussure.

Au moindre mouvement du bras, un courant s'établirait et ramènerait à la partie intéressée la chaleur du corps. On arrive au même résultat en plaçant le tube de la même façon et en y soufflant dedans.

*
* *

Il y a eu aussi à Bordeaux, pendant la guerre de 1870-1871, une Commission des Inventions fort active. C'était le *Comité de Défense du département de la Gironde*, créé le 8 septembre 1870, par arrêté du préfet « agissant en vertu des pleins pouvoirs qui lui ont été conférés par le Gouvernement de la défense nationale ». Son dossier, que j'ai examiné comme suite à mes fonctions, comprend un grand nombre d'inventions, les unes pratiques, d'autres moins, et dont beaucoup sont inattendues. Je vais en reproduire quelques-unes :

En présence des dangers qui menacent la France entière, il importe à tout citoyen de rechercher les moyens de défense, quels qu'ils soient, pourvu qu'ils arrivent à combattre l'ennemi dévastateur.

Les chasseurs se comptent, dans la nation, par centaines de mille. Tous ont des chiens dressés et courant sus à la voix de leur maître. Ces chasseurs, échelonnés sur le bord des routes, dans les bois, les haies, les vignes, les broussailles, pourraient à l'aide des chiens qu'ils lanceraient soit aux pieds des chevaux, soit aux jambes des fantassins, les occuper un temps suffisant pour s'en défaire tant qu'une portion d'entre eux essaierait de se débarrasser des chiens.

Il y a dans la ville de Bordeaux une grande quantité de chiens dits Bouledogues, lesquels, accrochés aux jambes des chevaux, ne lâcheraient prise qu'après avoir été tués par le cavalier. On conçoit facilement les désordres que porteraient dans la cavalerie ces sortes d'animaux. En présence du salut public, il n'est pas de citoyen qui ne fasse, au besoin, le sacrifice de son chien, d'autant qu'il serait son fidèle compagnon de combat, partageant tous ses dangers.

Impossible à nos ennemis de paralyser l'action terrible de ces nouveaux combattants ; rien ne pourrait les arrêter ; ils s'accrocheraient au cheval qui ne manquerait pas de se cabrer, de renverser quelquefois son cavalier et de jeter le trouble dont le tirailleur embusqué profitera pour se débarrasser de l'ennemi.

Je pose seulement l'idée, reste l'organisation qui demanderait des développements qu'il serait trop long d'énumérer ici, me tenant à votre disposition pour de plus longs détails à ce sujet, et quelques autres moyens de défense de grande importance, selon moi, surtout dans l'Entre-deux-Mers.

Je désire saisir le comité de défense de la Gironde d'un projet de destruction dans le cas où l'ennemi se dirigerait sur Bordeaux.

Mon projet est simple et peut produire des résultats immenses.

Il s'agirait simplement de construire ou d'utiliser un pont en charpente sur la Dordogne, ou à défaut de l'établir sur une des routes qui aboutissent à Bordeaux; le nombre des travées serait subordonné à la longueur du pont.

Le tablier entre chaque travée serait établi en bascule et toutes reliées par un câble raidi à son extrémité au moyen d'un treuil. Le câble serait coupé lorsque la troupe ennemie serait de passage sur le pont, toutes les bascules s'abattraient à la fois et engloutiraient les masses soit dans la Dordogne, soit dans une tranchée profonde si la machine était établie sur une route à un point convenable.

Rangé en bataillon, un homme occupe environ o^{m}5o carré de terrain soit quatre hommes par mètre carré. La machine, établie sur 200 mètres de longueur et 10 mètres de largeur, donnerait une super-

ficie de 2.000 mètres carrés multipliés par 4, soit 8.000, c'est-à-dire
qu'on pourrait engloutir 8.000 hommes à la fois.

J'ai encore à confier au comité un système de correspondance.

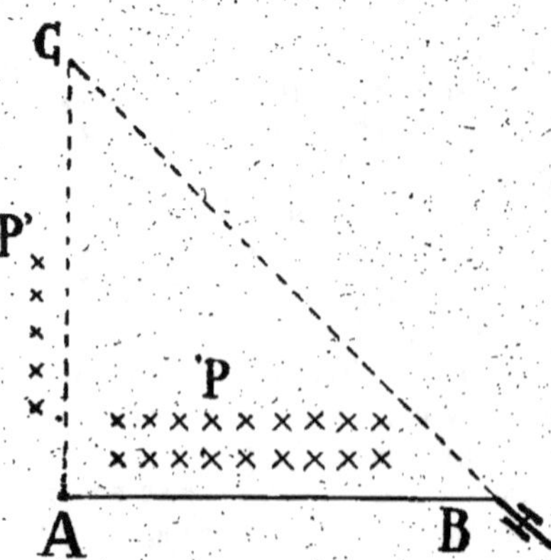

Au point A fixé et très rapproché du sol, le pied d'un arbre par exemple, on adapterait un fort fil ou ruban d'acier, dont l'autre bout serait attaché à un anneau soudé à un boulet. — Le fil d'acier serait étendu sur la terre jusqu'au point B, où se trouverait une pièce d'artillerie dont on masquerait la présence d'une manière quelconque, et que l'on chargerait avec ledit boulet.

Par un simulacre de retraite, on attirerait les ennemis dans l'intérieur du triangle ABC; on tirerait alors le coup de canon dans la direction BC, et le fil d'acier, entraîné avec une grande violence, couperait les pieds ou les jambes des Prussiens qui se trouveraient en P et peut-être même ceux qui seraient en P'.

En raison de la résistance de l'acier et de la force de projection de la poudre, on pourrait ce me semble, avec 3 pièces d'artillerie placées à un intervalle de 150 mètres, et en donnant 175 mètres de longueur au fil d'acier, couvrir une ligne de 450 mètres, et en une seule décharge renverser 500 ou 600 hommes, en supposant que le combat soit livré sur un terrain choisi, et dans la position indiquée par la figure.

J'ai un plan à vous soumettre pour l'anéantissement d'un corps d'armée si on pouvait l'attirer sur un point désigné et dans un périmètre de 400 mètres de long sur 15 de large et cela dans l'espace de cinq minutes au plus sans changement des lieux ni dégradation apparente.

La dépense approximative pour l'exécution de ce plan ne dépasserait pas 3.000 francs.

Le système est infaillible mais il ne pourrait peut-être servir qu'une fois. Il n'y a à Bordeaux qu'un seul endroit où cet appareil pourrait se placer.

Si Messieurs du Comité le croient utile je serai à leur disposition pour en faire l'essai.

Et c'est tout! Je déplorais de ne jamais savoir de quoi il s'agissait, lorsque j'ai trouvé l'avis du rapporteur et, vraiment, c'est une heureuse chance, car l'ingéniosité du système dépasse tout ce que j'aurais pu supposer : l'inventeur « propose d'établir un râteau mené par une locomotive pour détruire les troupes passant sur le pont. — Pas sérieux ».

Je soumets à votre examen une idée très simple dont l'application me paraît pouvoir être *très prompte*, assez facile, peu coûteuse et utile dans bien des endroits, soit pour entraver ou arrêter la marche de l'ennemi, soit pour augmenter les moyens de défense des villes et des places fortes, notamment de Paris et peut-être de Bordeaux.

Cette idée consiste à creuser non loin des remparts pour les places fortes et ailleurs dans les endroits les plus favorables, des fossés larges et profonds auxquels on pourrait donner au besoin la forme d'un V afin d'épargner du temps et de l'ouvrage, à sortir une *petite quantité* de la terre des fossés, à réduire le reste en poudre, et à *l'entretenir avec grand soin et constamment à l'état de boue liquide*.

Les bords de ces fossés pourraient être couverts d'argile et dissimulés pour augmenter les tâtonnements de l'ennemi.

Les fossés des remparts pourraient eux-mêmes être garnis de pieux en fer, en bois, etc., puis remplis de boue liquide jusqu'à hauteur d'homme et deviendraient ainsi un obstacle presque insurmontable pour l'assiégeant qui, parvînt-il jusque sur le rempart, n'y arriverait qu'embourbé, alourdi, suffoqué, aveuglé et facile à repousser.

Le rapporteur fait observer que, pour l'enceinte de Paris (non compris les forts) il faudrait 3 millions de mètres cubes de boue. On devrait employer une grosse main-d'œuvre à la maintenir liquide. Si cette boue séchait, sa présence, dans le fossé, faciliterait le passage de l'ennemi. Si elle demeurait liquide, il suffirait de quelques fascines pour se faire un passage au point voulu.

Le Comité a reçu un très grand nombre de lettres conseillant de couper les routes par des tranchées ou autres obstacles.

Les Prussiens suivent les grandes routes ou bien se cachent dans les bois.

Jusqu'à présent on gêne leurs marches en coupant les routes, mais on ne fait pas mieux.

J'ai pensé qu'au lieu de ces tranchées à peu près inefficaces, il serait bien préférable de pratiquer des mines, et dans les routes, et même dans les arbres. Ces mines garnies de mitraille et surveillées par des éclaireurs chargés d'y mettre le feu, causeraient, vous le comprenez, des ravages considérables, d'autant plus qu'ils seraient moins redoutés et, une fois connues, jugez de l'effet qu'elles produiraient.

On peut critiquer les détails de la lettre suivante, mais il faut avouer qu'elle évoque un spectacle magnifique : il s'agit d'une défense acharnée de la ville de Bordeaux suivant les monuments et maisons en façade sur le quai de la Garonne. Pourquoi l'auteur n'a-t-il pas complété sa vibrante description? Pourquoi n'avoir pas décrit les batteries allemandes qui, depuis la rive opposée, la rive nord, auraient tiré sur cette façade, on ne peut mieux disposée pour recevoir leurs coups? Les maisons battues en brèche, démolies, incendiées! Leurs défenseurs intrépides projetés en l'air par l'explosion des obus!... Voici sa lettre :

La tour Saint-Michel ne pourrait-elle pas être armée de canons? La porte des Salinières serait fermée avec de la terre et des pavés et ses bas-côtés par une tranchée barricadée. Il en serait de même de toutes les rues aboutissant au quai depuis Bacalan jusqu'en Paludate. Des maisons de la façade, barricadées en dedans avec des meubles et matelas, les habitants feraient feu sur l'ennemi. La rivière serait défendue par les Hirondelles, les Gondoles et toutes autres embarcations munies de canons ou peuplées de tirailleurs. Les colonnes rostrales des Quinconces, entourées également de tranchées, pourraient peut-être avec de l'artillerie protéger le port. Les établissements de bains de droite et de gauche des Quinconces pourraient recevoir des tirailleurs. De distance en distance les quais seraient coupés dans leur largeur. La porte du Caillou pourrait être transformée en fort. . . . .

Dans les villes où on possède quelques vieux canons, aussi petits qu'ils soient et pour peu qu'ils soient bons, on pourrait s'en servir pour abîmer l'ennemi à petites portées, ne les chargeant pas à boulet, mais avec des débris de verre de toute sorte, car cette mitraille est la plus terrible de toutes.

J'adressais au Comité de Paris, la veille où j'appris que la ligne d'Orléans était coupée, un système de canon rectangulaire que j'ai baptisé du nom de balayeuse de rues, pour s'en servir avec la mitraille ci-dessus, je ne sais pas si le Comité l'aura reçu ainsi qu'une lettre personnelle à M. de Keratry où je lui disais, avec certaines combinaisons, de prendre dans les bagnes huit à dix forçats les plus gredins pour les mettre après Bismark et Guillaume.

Pas de paix ! Que la France ait le courage de se défendre et avant trois mois pas un Prussien ne rentrera chez lui. Il faut des armes et nous en aurons. En attendant ce moment, pourquoi n'emploierait-t-on pas un moyen pour nous débarrasser de nos ennemis ? Ce serait de fournir à ces Prussiens maudits les vivres qui leur manquent en faisant partir le même jour de divers points, route d'Orléans, route de Lyon, de Rouen, d'Amiens, de Lille, etc., etc., des convois que l'on aurait le soin bien entendu de faire prendre. Ils seraient composés chacun d'au moins cent mille biscuits, des milliers de cigares, de tabac dit caporal, le tout bien et duement empoisonné, pour que tout homme qui aura mangé un biscuit, fumé une pipe ou un cigare ne se relève plus ! Dans un jour ou deux, la moitié de l'armée prussienne serait détruite et, alors, on aura bon marché de ce qui restera.

Sur cette proposition d'empoisonnement, le rapporteur écrit seulement : « hors de discussion ». C'est d'ailleurs le simple avis qu'il exprime pour toutes les inventions criminelles.

J'ai vu ces jours derniers sur un journal, *la Gironde*, qu'une récompense serait donnée à celui qui trouverait un moyen de détruire des Prussiens envahissant notre sol français.

J'en ai trouvé un depuis aujourd'hui, qui n'offre point de danger pour nos soldats, et ferait subir des pertes considérables à l'ennemi.

L'inventeur demande à être convoqué pour exposer son moyen, ce qui est facile, car il demeure à Bordeaux.

Un autre écrit de Tarbes pour demander aussi à être convoqué à Bordeaux, car c'est de Bordeaux qu'il s'agit. Alors seulement il fera connaître son plan :

Pour mon déplacement, voyage et dépenses occasionnée pour

vous soumettre mon plan, je le mets à votre jugement, et pour mes
rétributions, si j'en mérite, je les laisse également à votre apréciation
après avoir reconnu mon plan. Si je suis appelé dans votre ville, je
désire à voir une entrevue avec un homme affable et populaire qui
connaîtra et voudra me faire aprécier les positions et moyens de
défense déjà existant et projeté dans votre ville. Je vous soumettrais
ensuite mon plan.

*
* *

La Grande Guerre a vu la mise en œuvre de nouveaux
moyens de destruction, ingénieux et terribles : les merveil-
leux chars d'assaut, les bombardements par aéronefs, les obus
à gaz asphyxiants, les lance-flammes. Le dossier du *Comité
de Défense du département de la Gironde* montre que l'inventeur
de 1870-1871 avait déjà imaginé tout cela ; mais les conditions
de ses inventions n'étaient pas pratiques ; ces questions
n'étaient pas mûres.

Des inventeurs proposent des « Brouettes militaires » ou
« Haies mobiles », garnies de tôle, que les soldats pousseraient
devant eux pour s'avancer à l'abri. Un autre décrit des « Remparts roulants » et des « Forts cuirassés en acier fondu, armés
de mitrailleuses et de canons rayés se chargeant par la culasse ».
D'après un autre : « Des locomotives de 18 à 20 tonnes pourraient être converties en locomobiles blindées, et pour qu'elles
puissent circuler sur tout terrain sans secousses, on recouvri-
rait les larges roues d'un cercle en caoutchouc. » Au fond,
dans toutes ces variantes, nous avons le char d'assaut de la
Grande Guerre, moins les moteurs actuels et le mode de progression par la « chenille », qui le rendent possible. Aussi, les
autorités de 1870-1871 trouvent-elles toutes ces machines
beaucoup trop lourdes pour pouvoir être déplacées prati-
quement.

Le bombardement par ballons a excité le génie de beaucoup
d'inventeurs de 1870-1871. Malheureusement les ballons ne
vont pas toujours où l'on veut : ils se déplacent au gré des
vents. Aussi, un inventeur propose-t-il « un moyen puissant

pour la direction des aérostats dans l'air ». Il n'écrit pas son système ; il le décrira verbalement :

Alors, lorsque j'aurai l'honneur de posséder une autorisation ministérielle qui me permettra de me présenter en personne, en face du Maître, devant lequel je m'incline à l'avance, je m'empresserai de lui donner communication en secret *de ma découverte* dont le monde entier sera glorifié.

Malheureusement, je n'ai rien trouvé de plus sur cette invention.

… Au moins 40 à 60 ballons qui partiront de divers endroits, pour qu'il n'y ait pas confusion ni encombrement…

Remplir la nacelle autant qu'elle pourra en contenir, de vases en verre mince remplis d'huile de pétrole, vitriol, esprit de sel ou autre matière.

Il faudra attendre un vent favorable pour planer sur la tête de l'armée la plus considérable des Prussiens, le matin au petit jour, ou le soir pas trop tard. Il faudra consulter un artificier pour qu'il fabrique des pièces qu'en tombant de 400 à 450 mètres, mettent le feu aux matières inflammables.

L'homme qui sera dans la nacelle éparpillera les vases en les jetant et en même temps, que la pièce d'artifice qui doit éclater en tombant, soit attachée à chaque vase de manière qu'elle éclate au moment même que le vase se brise, pour qu'elle puisse l'enflammer instantanément.

Ayant lu sur la Gironde l'entrevue de M. Jules favre avec Bismark, j'ai été pénétré de pitié pour nos frères et je n'ai fait qu'imaginé quelque moyens de nous defaire de cette armée d'envaysseurs.

Un seul moyen me parut bon vu que nous obtenons des nouvelles de Paris par ballon, j'ai supposé qu'en expédient plusieurs ballons ayant chacun une barique de pétrole lorsque le Ballon planerez sur l'armée prussienne laché par chaque ballon une barique, on enflammera toute l'armée prussienne.

Vous jugerez vous même ci se projet pourrait nous être favorable et le mettre en exécution immédiat. S'il y a quelque dificulté, je n'attend pas de réponse, dans le cas contraire j'attend une dépèche télégraphique.

… Ce moyen détruirait l'ennemi en quelques jours, partièllement ou totallement à votre choix.

Il ne faut pour cela ni canons, ni chassepots, ni mitrailleuses, il s'agit tout simplement de faire confectionner quelques ballons spéciaux ou ordinaires, portant des nacelles aussi grandes que possible qu'on chargerait de bombes explosibles en tombant sur le sol, genre Orsini ou autres, de s'élever au-dessus du camp ennemi et de l'inonder d'une pluie torrentielle de ces bombes qui feraient l'effet du feu du ciel, en commençant, à l'aide d'une longue vue placée dans chaque nacelle, par le Roi Guillaume, Bismark, etc.

Un inventeur propose de « Petites Bombes asphyxiantes », chargées de « Substance chloroformique et fulminate ».

Un autre, qui combine tous les détails de la bataille de rues contre l'ennemi entrant dans Bordeaux, esquisse l'idée d'y employer des projectiles à gaz asphyxiants :

J'avais l'intention de vous parler d'un nouveau genre de petites bombes explosibles et asphyxiantes ; mais comme le temps manque pour leur fabrication, j'ai dû renoncer à vous présenter des modèles. Voici le résultat que j'espérais obtenir de cet engin : en les jetant mèche allumée par les croisées, d'abord en tombant sur la tête de nos ennemis, elles auraient blessé l'homme qui l'aurait reçue ; 2° dans l'explosion elle s'ouvrirait en deux parties, chaque morceau du métal blesserait immanquablement celui qu'elle toucherait, ce qui fait déjà trois personnes ; 3° le gaz asphyxiant qui se dégagerait par l'effort de l'explosion asphyxierait au moins sept à huit personnes sur toute la massée, comme elle le serait dans leur entrée à Bordeaux, surtout aussi si les bombes jetées par les croisées étaient rapprochées les unes des autres, ce qui formerait dans l'ensemble de la troupe un gaz épais, irrespirable pour tous ceux qui s'y trouveraient, presque instantanément. J'estime que chaque bombe mettrait hors de combat au moins dix Prussiens.

Ce même inventeur, développant son projet de défense des rues, propose d'y arroser les Prussiens avec des liquides enflammés :

Si j'étais chef de la défense, je les laisserais tous rentrer triomphalement en ville, pour s'emparer de la Mairie et de la Préfecture. Je suppose, un instant, qu'ils rentreront par la porte Salignère, pour se rendre à la Mairie. J'aurais eu soin, avant leur entrée en ville, de faire barricader tous les bouts des rues donnant dans tous les parcours du cours Napoléon, jusques à l'entrée de la rue de Curson que je barricaderais aussi pour former un cul de sac...

Je ferais placer deux ou trois gardes mobiles dans chaque maison au premier étage, au second et troisième, leur mission à chacun serait de jeter par les croisées du pétrole enflammé sur nos ennemis, il résulterait de cette conséquence que nous avons 212 maisons placées sur cette ligne qui occuperaient 5oo hommes, jetant chacun dans une heure dix demi-litres de pétrole, ce qui fait pour les 5oo hommes, 5.ooo demi-litres de pétrole enflammé jetés sur le corps de nos ennemis. Supposons que chaque demi-litre éclabousserait deux hommes, il résulterait de ce fait qu'il y aurait une dizaine de mille hommes en feu, sans compter la fusillade des barricades.

L'inventeur précédent ne prévoit pas avec quel appareil serait lancé le pétrole enflammé. Il en est tout autrement de celui-ci :

Je vous prie d'examiner cette idée :

Je suppose un cilindre en tole contenant du pétrole aux trois quarts ou aux quatre cinquièmes de sa capacité, dans la partie supérieure de l'air comprimé à une puissance élevée, comme par exemple 15 ou 20 atmosphères.

Mon but serait d'ateindre à un certaine distance, le pétrole serait enflammé sur la fin de sa course par une amorce que l'on introduirait à son orifice chaque fois que l'on voudrait lancer son jet.

Je sais pertinement qu'avec un atmosphère de pression ou un peu plus les pompes à incendie ateignent jusqu'à trente mètres en projection horizontale.

Je n'espère pas obtenir une progression numérique en raison de la pression, mais n'obtiendrait-on qu'un peu plus, cela serait déjà utile.

Si le Comité veut utiliser cette idée, on peut essayer sans qu'il en coûte un sou. On n'a qu'à mettre une petite chaudière à vapeur en pression, on aura la valeur réelle de sa projection.

Un cilindre en tôle de 3 millimètres, d'une capacité de 12 litres, pèserait 8 kilog., résisterait à 4o atmosphères.

Si une pluie de feu tombait sur la cavalerie, je me figure que les chevaux feraient une boucherie effroyable de ceux qui les montent et figurez-vous un verre de pétrole enflammé dans vos vêtements. Je propose cela vu la pénurie de nos armes. Un homme intelligent pourrait inonder un front de bataille d'une pluie de feu contre lequel on ne se rebellerait pas.

Le projet, s'il était pratique, n'aurait, à mon point de vue qu'un défaut, ce serait d'être barbare, mais enfin c'est pour la défense.

Il ne reste qu'un point à acquérir pour en connaître toute la valeur, c'est l'étendue relatif de sa projection à une haute pression.

J'en ai étudié la forme et la construction. Si messieurs les membres du Comité voulaient l'essayer,

Je suis leur très humble serviteur.

Quand l'opticien bordelais Lemercier écrivait cette lettre, le 16 octobre 1870, il était bien près des lance-flammes de la Grande Guerre.

**

La comparaison des documents des deux époques m'a conduit à faire plusieurs constatations :

L'inventeur de 1870-1871 appelle les Allemands des *Prussiens*, tandis que celui de la Grande Guerre les appelle des *Allemands* : pour le premier, l'Allemagne est mise en mouvement par la Prusse ; pour le second, elle fonce par elle-même sur la France. Mais il y a bien d'autres différences.

J'en ai constaté une très grande dans le nombre des inventions inattendues : le *Comité* de 1870-1871 ne comprenant que le département de la Gironde et n'ayant fonctionné que cinq mois, devrait avoir reçu beaucoup moins de ces inventions que la *Commission* de la Grande Guerre, qui s'étendait sur les cinq départements de la 18e région et qui a travaillé plus de trois années — et, cependant, c'est tout le contraire. Les Français étaient donc plus naïfs en 1870 que maintenant. Peut-être aussi la masse de la nation était-elle secouée par l'idée que rien n'avait été prévu par nos dirigeants et qu'il fallait aider à suppléer à cette lacune déplorable? Enfin, le moindre développement de l'instruction en 1870 a dû influer aussi — pas autant toutefois qu'on pourrait le supposer — car, parmi les inventions extraordinaires d'alors, plusieurs sont l'œuvre de gens instruits (par exemple, le pont à bascules sur la Dordogne). Les Français de 1870 n'ayant pas vécu sous le régime du service militaire obligatoire, beaucoup n'avaient aucune idée des choses de la guerre, et cela donnait une grande liberté à leur esprit inventif.

Le lecteur a remarqué, pour beaucoup d'inventeurs de 1870-1871, que les bataillons allemands marchent comme des bataillons de fourmis, sans avoir la moindre idée des pièges les plus patents : il est clair que le service de renseignements de l'armée allemande est inexistant! Je n'ai vu cette stupéfiante illusion chez aucun inventeur de la Grande Guerre.

Autre différence importante : un certain nombre d'inventeurs de 1870-1871 proposent des moyens criminels, suggestions toujours repoussées par le *Comité* comme « hors de question ». Jamais il n'y a eu rien de ce genre dans les propositions faites à notre *Commission* de la Grande Guerre.

Au total, les inventions de guerre montrent, dans la nation française, une plus grande compréhension et une tenue plus élevée pendant la Grande Guerre que pendant la guerre de 1870, et cette constatation donne, il me semble, quelque intérêt à la présente notice.

On a dit, après 1870, que c'est par l'instituteur allemand que l'Allemand avait gagné la guerre, car le Français était ignorant, naïf, présomptueux. Eh bien! en 1914, c'est contre le Français éduqué, expérimenté, que s'est rué le Boche. Le résultat devait être complètement différent.

Édouard HARLÉ.

Extrait de la *Revue Philomathique de Bordeaux et du Sud-Ouest*, XXIV⁰ année, n⁰ 3, juillet-septembre 1921.

Bordeaux. — Impr. Gounouilhou, rue Guiraude, 9-11.